SÉRIE POLAR

NOUVELLE BIBLIOTHÈQUE JUNIOR

W0389880

Maxime Gillio

Visa pour l'inconnu

Suivi de

La cargaison morte

par Leonie Steinweh
et Helena Endres

Cornelsen

Maxime Gillio

Visa pour l'inconnu

– Tu verras, Antoine, un jour, tu traverseras les océans.

Quand on se retrouvait à deux, Grand-père commençait toujours ses phrases ainsi.

– Tu verras, Antoine, un jour, tu traverseras les océans… Je t'emmènerai avec moi, sur mon vieux bateau, et ensemble, nous ferons le tour du monde. Je te ferai découvrir des pays inconnus, des terres sauvages… Tu verras, Antoine, un jour, tu traverseras les océans.

Moi, je n'étais qu'un petit garçon qui buvait ses paroles. Je me voyais déjà, à l'avant du bateau, regardant l'horizon. La mer, c'était toute sa vie. Il avait passé plus de temps sur les océans du globe que sur la terre ferme. Jusqu'à sa retraite, l'année dernière.

Il n'aimait pas rester à terre. Ça se voyait sur son visage fermé. Alors dès qu'il le pouvait, il aidait les petits pêcheurs locaux. Parfois, il s'enfermait dans son hangar pour réparer un vieux bateau. Il m'avait promis de m'y emmener quand je serais plus grand.

– Tu verras, Antoine, un jour, tu traverseras les océans.

J'y croyais dur comme fer, à la promesse de Grand-père. Dur comme fer. Mais il ne l'a pas tenue.

Il est mort brutalement, un soir de tempête.

Comme à son habitude, il était allé contempler la mer déchaînée, seul sous son ciré. Offrant son visage à la pluie et au vent, il voulait respirer le parfum de son passé.

Mais ce soir-là, il n'est pas rentré.

On l'a retrouvé au port, couché par terre, un sourire de satisfaction sur ses lèvres froides. Le cœur avait lâché.

C'est certainement à cause de Grand-père que j'ai cette fascination pour les ports et les bateaux. À cause de Grand-père et de sa promesse non tenue...

*

J'ai maintenant quatorze ans et j'habite dans la ville du Havre, en Normandie. Je suis un adolescent comme les autres, avec ses hobbies et ses passions. Sauf que mon passe-temps principal, c'est d'aller me promener sur le port et sur les quais.

Je me balade à travers le labyrinthe des hangars, des containers et des entrepôts. Je passe sous les grues. Je contemple les flancs des paquebots immenses. Je respire à pleins poumons ces odeurs d'iode, de poisson et d'huile de moteur chaude.

Ce port, c'est comme un monde parallèle. On entend le bruit des machines, les sirènes, les cris des mouettes et le choc des containers. Mais on n'y croise presque personne, comme si toutes ces machines et ces bateaux avaient leur vie propre.

Oui, le port du Havre, c'est mon terrain de jeux à moi. C'est là où j'aime venir me perdre, oublier le collège, les professeurs et les parents. C'est là où j'aimerais tant retrouver mon grand-père.

J'avoue que depuis quelques jours, mes promenades sont aussi motivées par une sordide histoire de meurtres dont toute la ville parle. Quatre cadavres de femmes ont été retrouvés sur les cargos d'un diamantaire, et ce mystère m'intrigue.

Moi, comme tous les adolescents, le sang, le crime, ça m'attire...

Du coup, mes escapades dans le port se font un peu plus tard que d'habitude, à la nuit tombée. Je mets une lampe de poche dans mon sac à dos, une bouteille d'eau, quelques biscuits, je quitte la maison sans me faire repérer par mes parents. Direction le port du Havre !

*

Les endroits que je préfère, ce sont les quais de déchargement des containers. Des centaines et des centaines d'immenses coffres métalliques sont entreposés chaque jour, tandis que d'autres repartent vers de nouvelles destinations, à bord de cargos mystérieux. Des murs entiers de containers forment un labyrinthe mouvant. Je m'amuse à me perdre dans ces innombrables allées.

Bien sûr, il faut faire attention. Des gardiens, avec leurs chiens, surveillent ces milliers de marchandises entassées. Mais j'ai longuement observé leurs rondes, j'ai noté avec attention leurs horaires de passage. Je sais à l'avance où ils se trouvent, et à quelle heure. J'adore jouer avec eux. Le danger est une sensation délicieuse. Le risque et l'adrénaline sont comme une drogue.

*

Ce soir, je suis accroupi à l'angle de deux allées de containers. Je reprends mon souffle en levant la tête vers les étoiles. Je suis bien.

Je veux prendre ma bouteille d'eau dans mon sac, quand un bruit étouffé m'arrête. Ce sont des voix ! Je me relève, tout excité, prêt à m'enfuir. Mais ce n'est pas logique, les gardiens ne sont pas censés passer dans cette zone avant au moins trente minutes. Je me colle contre un container et tente de me cacher dans l'ombre. Les voix se rapprochent, je les entends clairement. Il y a deux personnes, mais elles ne parlent pas français.

Je suis terrorisé, car je n'arrive pas à identifier de quel côté les voix proviennent. De l'allée de gauche ou de celle de droite ? Si je cherche à m'échapper, j'ai une chance sur deux de me retrouver face à ces inconnus. Alors je reste caché dans l'ombre et je retiens ma respiration.

Je les entends maintenant comme si elles étaient à côté de moi. Quelle est donc cette langue ? Ça n'est ni de l'anglais, ni de l'allemand, ni de l'espagnol, et ça ne ressemble pas à de l'italien.

Soudain, un bruit métallique retentit. Quelqu'un frappe sur un rythme convenu contre un container. Quelques secondes passent, puis le même rythme se fait entendre, plus étouffé. Bruit de clés, de cadenas qu'on déverrouille, et grincement d'une lourde porte qui tourne sur des gonds rouillés.

La curiosité est plus forte que la peur. Centimètre par centimètre, je me penche pour voir ce qui se passe. Deux hommes se tiennent devant un container dont ils ont ouvert la porte. Ils contemplent l'intérieur en parlant avec véhémence et avec de grands signes. Des voleurs ? Oui, c'est ça, ce sont des voleurs venus dérober des marchandises ! Mais alors, pourquoi n'entrent-ils pas ?

Mon souffle se coupe quand je vois soudain une silhouette sortir du container. Suivie d'une autre, puis d'une autre, et encore d'une autre ! Près d'une quinzaine de personnes se trouvaient là-dedans ! J'aperçois des hommes, des femmes et même des enfants.

L'un des deux hommes qui a ouvert la porte se met à crier. Avec une voix autoritaire, il fait comprendre à la troupe apeurée de le suivre.

Longtemps après qu'ils sont partis, je suis encore immobile, les yeux exorbités. Je ne comprends rien à la situation. Qui sont ces gens ? Pourquoi parlent-ils dans une langue étrangère ? Et surtout, depuis combien de temps sont-ils cachés dans ce container ? Depuis le départ ?

Que dois-je faire ? Réfléchis, Antoine, réfléchis ! Ne laisse pas le stress te paralyser. Avant toute chose, quitter les lieux, car le gardien ne va pas tarder à venir faire sa ronde. Je ramasse mon sac et me prépare à m'enfuir. Mais une inscription au-dessus de la porte m'arrête. Je m'approche. En lettres noires baveuses, est indiqué un nom : *Nouakchott*.

*

– Nouakchott ? C'est la capitale de la Mauritanie. Tu sais que ce pays est le seul à encore pratiquer l'esclavagisme ? Officiellement, il a été aboli, mais dans les faits, il existe toujours.

– Pourquoi tu me dis ça ? Ne me dis pas que... ?

Comme à son habitude, Olivier enlève ses lunettes et en mordille la branche avec un petit bruit de succion horrible. C'est une sorte de petit cérémonial, une posture qu'il se donne pour faire genre.

Alors qu'il n'a pas besoin de ça pour réfléchir, Olivier. Il a en permanence le cerveau en ébullition, plein d'idées prêtes à jaillir.

Olivier, c'est mon meilleur ami. Lui et moi, on se connaît depuis l'école maternelle, on est inséparables. Il a toujours été le premier de la classe.

Son grand truc, à Olivier, c'est la lecture. Et plus précisément les romans policiers. Il en lit presqu'un par jour. Et quand il n'en a pas de nouveau sous la main, il relit ses anciens. Alors le coup des lunettes dans la bouche, je le soupçonne de l'avoir piqué à un des ses héros de papier. Comme la pipe à Sherlock Holmes. Sauf qu'Olivier ne peut pas fumer la pipe. Si ses parents le savaient, ils le tueraient !

En plus, avec son asthme, ça le rendrait malade en moins de deux bouffées. Du coup, il mordille la branche de ses lunettes pour se donner une contenance. C'est énervant, mais je sens qu'il va me trouver la solution.

– Et si, résume-t-il. Je crois que tu viens de découvrir un trafic de passagers clandestins !

– Des passagers clandestins ?

– Oui, des gens qui ont quitté leur pays d'origine pour essayer d'en rejoindre un autre. Parfois, ils migrent par familles entières.

– Et pourquoi font-ils cela ?

– Ça dépend... Souvent, c'est pour essayer de trouver du travail, pour nourrir la famille. Mais parfois, c'est pour se mettre en sécurité. Parce qu'ils sont en danger dans leur propre pays. Mais ce qui est sûr, c'est qu'il n'y en a pas beaucoup qui réussissent. Et la police ne fait pas de cadeaux à ceux qu'elle arrive à capturer.

– Mais c'est énorme, ça ! J'ai mis la main sur un trafic international ! Et maintenant, qu'est-ce que je dois faire, à ton avis ?

– En gros, tu as deux possibilités. La première, je sais déjà que tu vas la rejeter.

– En parler aux adultes ?

– Oui : à la police ou à tes parents.

– Tu es fou ou quoi ? Et leur dire que je traîne la nuit dans le port du Havre, dans des zones interdites ?

– C'est bien ce que je disais, on oublie. La deuxième option, pourquoi ne pas faire un dossier ? On serait comme des détectives.

– C'est-à-dire ?

– Facile : tu retournes la nuit prochaine sur les quais, tu retrouves le container, tu t'arranges pour y entrer, y photographier les preuves...

– Comme Peter Parker ? Spider-Man ?

– Euh oui... si tu veux. En tout cas, comme un vrai détective.

– Mais de quelles preuves tu parles ?

– D'après ce que tu me dis, il y avait au moins quinze personnes, dedans ? Il a bien fallu que ces pauvres gens mangent, boivent, dorment, fassent leurs besoins... Il y a obligatoirement des traces de leur passage. Tu photographies tout ça, puis on fait un dossier avec les images, les dates, les lieux, et on envoie le tout à la police et aux journaux de la ville. Crois-moi, il y a bien quelqu'un qui va réagir et s'occuper de l'enquête. Qu'est-ce que tu en dis ?

– Ce que j'en dis ? Que tu es génial, Olivier !

– Je sais, je sais, répond-il et remet ses lunettes.

*

Je me suis préparé comme d'habitude : mon sac à dos, ma lampe-torche, ma bouteille d'eau, un paquet de biscuits et, exceptionnellement, mon appareil-photo et des outils que j'ai pris à mon père. Je suis encore plus excité que d'habitude. Cette fois, j'ai une vraie mission ! Je me sens comme un grand journaliste qui va dévoiler à toute la population cet odieux trafic d'êtres humains. Dommage que je n'aie pas le droit de signer l'article de mon nom, la gloire et la fortune m'attendaient. Mais je ne peux pas avouer à mes parents ce que je fais le soir, quand ils me croient endormi.

Pénétrer dans la zone de déchargement ne me pose aucun problème. J'ai l'habitude de passer par un trou que j'ai fait dans le grillage. Je fais attention à marcher silencieusement, à ne pas me précipiter pour ne pas que ma respiration s'emballe.

Enfin, j'arrive à l'angle des deux chemins, là où je m'étais caché la nuit dernière. Je tends l'oreille : aucun bruit. Je m'engage alors dans l'allée, mais mauvaise surprise : le container n'est plus là ! Ils ont déplacé un mur entier de caissons, et le mien était dedans. Mince !

Que dois-je faire ? Je me prépare à faire demi-tour quand j'aperçois, quelques dizaines de mètres plus loin, des containers posés à l'écart. Avec un peu de chance...

Je m'avance à demi-courbé. Oui ! Je reconnais le mien. Je m'approche jusqu'à me retrouver devant la porte. Pas de doute, je reconnais le nom, *Nouakchott*, dont les lettres noires coulent comme des traces de sang.

La porte est restée ouverte, simplement posée contre. D'une main tremblante, je tire sur la poignée en priant pour qu'elle ne grince pas. Il me reste maintenant à entrer dans ce sarcophage de métal.

Je sors ma lampe et mon appareil-photo de mon sac, je respire un grand coup avant d'entrer dans l'ouverture sombre.

Rien. Rien de rien. J'ai beau diriger ma lampe dans tous les coins, l'intérieur est désespérément vide. Trop propre pour être honnête, bien sûr, mais l'absence de traces n'est pas une preuve. Les passeurs ont dû nettoyer l'intérieur du container. Je soupire, résigné. Sans indices, comment faire ? Mes rêves d'enquête se volatilisent. Je ne serai pas ce détective que je croyais être. Tant pis pour moi, je vais redevenir cet adolescent ordinaire qui joue à se faire peur...

J'en suis là de mes réflexions quand une vive lueur se fait dehors, accompagnée d'un bruit de moteur. Je me précipite vers la porte que j'avais tirée derrière moi. Par l'entrebâillement, je m'aperçois avec effroi qu'on a allumé de puissants projecteurs et que des hommes arrivent sur la zone aux volants de camionnettes.

C'est l'équipe de nuit qui commence le travail ! Je le savais, pourtant, je l'avais noté ! Mais tout à l'excitation de mon enquête, je l'avais complètement oublié. S'ils me surprennent ici, je suis bon pour le poste de police, l'appel à mes parents en pleine nuit... Je n'ose imaginer la suite. Ce que j'ai encore de mieux à faire, c'est d'attendre qu'ils fassent une pause, d'ici deux heures.

Je referme doucement la porte, m'assois dans le fond du container. Je mange quelques biscuits, bois une gorgée d'eau, je m'enroule en boule et comme tous les soirs avant de m'endormir, je pense à Grand-père.

*

Clang !

Un bruit métallique me réveille en sursaut. Je regarde ma montre : j'ai dormi presque trois heures !

J'entends des moteurs, des raclements sur toute la surface du container. Mais je suis plongé dans le noir le plus complet. Tant pis si je me fais surprendre, mais il faut que je sache ce qu'il se passe.

À tâtons, je trouve difficilement la porte et essaie de l'ouvrir.

Une sueur glacée me descend dans le dos. La porte est fermée. À clé. De l'extérieur.

La panique m'envahit, pourquoi les ouvriers ont-ils remis le cadenas sans regarder à l'intérieur ? Et ces bruits, ces raclements, tout autour de moi, de quoi s'agit-il ?

Je n'ai pas le temps de réfléchir, un brusque mouvement fait bouger le container et je bascule à l'autre bout.

Je suis sonné, et le temps de reprendre mes esprits, le container a commencé à faire un mouvement de balancier, comme si je tournais sur moi-même, comme si j'étais emmené dans l'espace.

Mais oui, c'est ça ! Les raclements, c'étaient les cordes qu'ils passaient autour du container, et la sensation de voler, c'est parce qu'ils sont en train de le charger sur un bateau. Je suis suspendu dans le vide, prisonnier d'un cercueil de métal, accroché au filin d'une grue ! Je tape du poing contre le mur à me faire saigner. Je crie de toutes mes forces pour qu'on me libère de ce caisson d'acier. Mais je suis trop haut, le moteur de la grue fait trop de bruit. Personne ne m'entend.

Soudain, je sens que le mouvement s'est inversé, et j'ai l'impression de plonger dans le vide. Puis un choc sourd, je décolle du sol pour retomber sur la tête et je m'évanouis.

Quand je me réveille, le silence est total. Je n'entends plus rien, à part un ronronnement de machine, comme un moteur lointain. Et puis un nouveau choc, sourd, métallique. Puis un autre, une dizaine de minutes plus tard. Puis un autre, et encore un autre, à intervalles réguliers. Et à chaque fois, le bruit me paraît de plus en plus éloigné.

Je suis dans le fond du paquebot. Je comprends que ces bruits espacés, ce sont les containers que les dockers posent les uns sur les autres, en rangées compactes et épaisses.

Je pousse un hurlement bestial, à m'en déchirer les cordes vocales. Je hurle sans arrêt, jusqu'à l'épuisement, jusqu'à redevenir animal. Mais rien n'y fait. Je réalise que je suis enterré vivant, sous des tonnes de métal, et qu'on ne me retrouvera que dans quelques jours, dans un pays inconnu.

Tu verras, Antoine, un jour, tu traverseras les océans.

*

Leonie Steinweh

Helena Endres

La cargaison morte

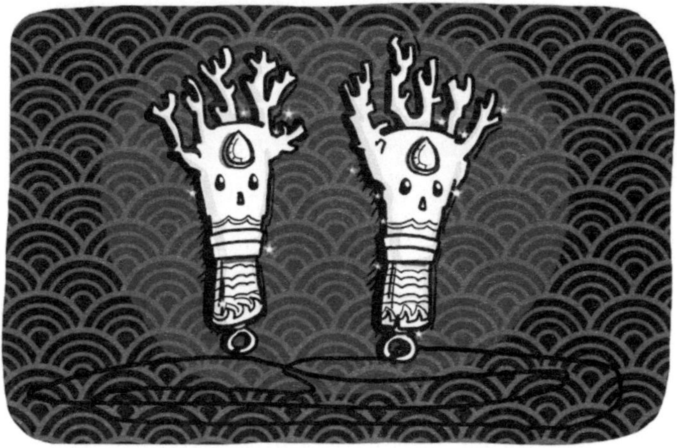

– Ça alors ! Vous dites que c'est la quatrième victime ?

– Oui, la quatrième. Sauf que cette fois, on l'a étranglée. Les trois premières ont été abattues d'une balle dans la tête. Quelle misère de voir la beauté saccagée d'une telle façon !

– Ne faites pas de poésie ! On ne peut pas bien travailler si on se laisse distraire par la poésie... Et donc, à chaque fois, on a retrouvé ces quatre filles dans l'un de vos containers ?

Maxime de Correst est un peu offensé par les mots du détective. Personne n'a jamais osé lui parler de cette façon. Jusqu'à maintenant. Il préfère ignorer la remarque du détective pour se concentrer sur les faits.

– Oui. Comme je vous l'ai dit, je suis diamantaire et importateur de matières exotiques rares. Les containers dans lesquels on a trouvé ces filles provenaient de pays différents. Ces cargos transportaient des marchandises appartenant à des centaines de propriétaires différents. Mais à chaque fois, c'est au milieu de mes marchandises à moi qu'on a trouvé les cadavres ! Quelqu'un s'acharne sur moi, Monsieur Gaultier. Je vous laisse imaginer les conséquences d'une telle affaire sur ma réputation. Et ce n'est pas que la mienne qui est en cause : c'est aussi celle de mon père qui a été diamantaire avant moi... Alors ? Ce cas vous intéresse ? L'argent n'est pas un problème pour moi. Seulement, comme je vous l'ai dit tout à l'heure, j'ai l'impression que la police ne sait plus quoi faire.

– À vrai dire, j'ai beaucoup d'affaires en ce moment...

Gérard Gaultier, détective privé, allume un cigare. Il ment parce qu'il ne veut pas accepter trop vite. Des filles mortes sur les cargos d'un diamantaire... Ce cas lui semble bien intéressant. De plus, il aime le port. Il aime le brouillard, le vent et la pluie. De manière générale, il adore tout ce qui est sombre et froid. Comme sa ville, Le Havre. Après une petite pause, il répond :

– Mais je pense que vous avez vraiment besoin de moi. Et comme je suis toujours fasciné par les histoires obscures, je vais m'en occuper !

Le détective aux cheveux gris tire une dernière fois sur son cigare, ramasse son chapeau et quitte le bureau richement meublé du diamantaire. Il se met en route, direction le port.

*

Les rayons de soleil se reflètent encore dans l'eau du port, mais peu à peu, le ciel se couvre de nuages noirs et menaçants. Gérard trouve que cela correspond beaucoup mieux à l'atmosphère pesante du port.

La police est encore sur place. Des rubans rouges et blancs maintiennent à distance la foule excitée. Gérard Gaultier reconnaît un ancien collègue et se réjouit en secret. Ce dernier a une dette envers lui, il va pouvoir lui être utile...

Le détective se mêle aux passants et attend que la foule se disperse. Quand la police a enfin terminé son travail, il appelle son ancien collègue.

– Gustave !

Surpris, le policier se tourne vers lui.

– Gustave, tu te souviens de moi, quand même ?

Le policier hoche la tête.

– Donc tu te rappelles ta promesse ?

Le visage du policier s'assombrit. Il s'en souvient comme si c'était hier. Il y a des années, Gérard Gaultier et lui étaient collègues. Gérard avait fermé les yeux sur son « petit » secret, une maîtresse de quinze ans plus jeune que lui. En revanche, Gustave lui a promis de l'aider un jour.

– Que veux-tu, Gérard ?

– Je veux le dossier complet avec les photos, les rapports du légiste, les résultats des analyses ADN..., tout ce que vous trouverez. Au fait, tu te rends compte que j'ai encore tes photos d'autrefois ? répond Gérard avec un sourire méchant. Je te donne deux jours, pas plus. Bonsoir !

Gérard Gaultier fait demi-tour et disparaît dans l'obscurité de la nuit tombante. Mais il ne rentre pas directement chez lui. Il préfère faire un petit tour sur le port.

Le détective se sent à l'aise dans cette pénombre qui l'enveloppe comme une couverture sombre. Il entend les vagues clapoter sans arrêt. Leur rythme régulier le détend, lui donne confiance en lui et en l'avenir.

*

– Je savais qu'il préfèrerait éviter les problèmes, se dit-il quand il reçoit le dossier le lendemain matin.

Son ancien collègue Gustave le lui a envoyé par courrier express. Gérard vide l'enveloppe : quelques photos, des rapports de police, un compte-rendu du légiste et une autre petite enveloppe.

Gérard Gaultier se met à examiner le tout avec la plus grande attention. Il prend d'abord la petite enveloppe entre ses mains. Elle est lourde. Il l'ouvre... une amulette ! Et un petit billet :

Gérard,
J'espère que tu es content. L'amulette était à côté de la fille. Il s'agit probablement d'un collier de la collection de Maxime de Correst, le diamantaire. C'est au milieu de ses marchandises qu'on a découvert la fille. Tu as dit TOUT, voilà, c'est TOUT ce que je peux te donner. Maintenant, nous sommes quittes.
Adieu,
Gustave

Gérard ne peut réprimer un sourire. Gustave a pris de sacrés risques pour faire une telle pièce du dossier. Satisfait, il allume un cigare. Il commence à lire les rapports et à regarder attentivement les photos. La fille a été étranglée, et non pas abattue comme les trois autres avant elle. Pourquoi ce changement ? Et d'où vient cette amulette ? Est-ce qu'elle fait vraiment partie de la collection du diamantaire ? Le détective ne le sait pas encore.

Mais cela ne durera pas longtemps.

*

Le soir même, Gérard Gaultier invite Maxime de Correst dans son bureau. Il veut lui poser des questions, savoir qui était impliqué dans ces meurtres et pourquoi. Mais rien ne se passe comme prévu.

L'homme d'affaires s'assoit et desserre sa cravate après avoir enlevé sa veste noire à rayures fines.

– Eh bien, Monsieur Gaultier, que vouliez-vous me demander ?

Le détective n'en croit pas ses yeux. Un objet en argent brille au cou de son client. Gérard éteint son cigare, retire ses pieds de dessus la table et demande :

– Qu'est-ce que vous portez autour du cou ?

Étonné, Maxime répond :

– Vous parlez de mon amulette ? C'est un cadeau de mon père, elle a une grande valeur sentimentale pour moi. Je l'ai reçue pour mon dixième anniversaire. Mais pourquoi est-ce que vous me demandez ça ?

Gérard Gaultier lui demande d'enlever un instant son amulette. De Correst la lui donne à contrecœur. Le détective ouvre le tiroir de son bureau et en sort l'amulette trouvée auprès de la quatrième victime. Il pose les deux amulettes sur la table, l'une à côté de l'autre.

– Vous voyez, Monsieur de Correst, elles sont identiques !

– Où l'avez-vous trouvée ? murmure Maxime, bouleversé. Il a la gorge nouée.

Le fournisseur de pierres précieuses écoute attentivement l'explication du détective et secoue la tête, désespéré.

– Maintenant, à vous de me répondre, reprend Gérard. Qui est donc le propriétaire de cette deuxième amulette ?

Hésitant, Maxime répond :

– Mon... mon frère. Philippe. Lui aussi l'a reçu comme cadeau pour son dixième anniversaire. Comme moi.

– Alors, c'est l'amulette de votre frère jumeau ?

Maxime de Correst, muet, acquiesce.

*

Philippe de Correst se regarde dans le miroir. Les égratignures sur son visage et son cou témoignent de la violence de la lutte. Pourquoi cette salope s'est-elle ainsi défendue ?

Il contemple à nouveau ses yeux bleus et froids. Il se passe la main sur son cou. L'amulette a disparu ! Fou de rage, il se met à hurler et renverse une petite table. Pourquoi fallait-il que son plan foire tout juste à la fin ? En plus, cette fille, c'était la dernière. De toute façon, ces putains ne manqueront à personne.

Il les haït. Il haït toutes les prostituées. Son père s'est barré avec l'une d'entre elles quand Maxime et Philippe étaient encore enfants. Et pour cette prostituée, il a laissé tomber Philippe et sa mère. C'est Maxime qu'il a emmené, pas lui !

Il serre le poing et, dans un grand fracas, il brise le miroir.

– C'est ta faute, Maxime, si j'ai une vie si misérable tandis que toi, tu vis dans le luxe !

Philippe est gardien dans un port sur la côte Atlantique. Il ne travaille que la nuit. Comme ces jeunes prostituées... Il a peaufiné son plan pendant des années. Philippe veut détruire son frère jumeau. Et le meilleur moyen de nuire à un fournisseur de pierres précieuses, c'est de salir sa réputation.

Philippe n'a aucun scrupule. Il a déjà passé huit ans en prison à cause d'un vol à main armée. Au cours de ce dernier, il avait tiré sur une employée de banque et il l'avait blessée à l'épaule. Mais cette fois, on ne l'arrêtera pas. Personne ne s'imagine que c'est lui le meurtrier, le gardien, censé maintenir l'ordre et la loi.

En apparence !

*

Gérard Gaultier ne veut pas faire appel à la police pour retrouver Philippe de Correst. Ce n'est pas son style. Au contraire, il veut à tout prix arrêter le meurtrier et le remettre aux autorités. Ainsi, il leur montrera, encore une fois, qu'il fait un meilleur travail qu'elles.

– Monsieur de Correst, savez-vous où trouver votre frère ? demande le détective en fumant tranquillement son cigare.

– Il est sûrement encore en France, quelque part au bord de la mer. C'est notre seul intérêt commun. Nous adorons tous les deux la mer !

Gérard acquiesce. Il lui semble logique que le suspect vive dans un port. Toutes les victimes ont été retrouvées sur des cargos. Il fallait donc que le frère de Maxime de Correst se trouve à proximité des bateaux.

Après quelques minutes de silence, de Correst ajoute :

– Autrefois, quand nous étions encore petits, Philippe voulait à tout prix vivre à La Rochelle. Vous connaissez certainement cette ville. La Rochelle, c'était son rêve. Il aimait l'atmosphère de la ville, ses petites rues qui cachent leurs secrets, ses vieilles maisons à colombages dans lesquelles ses habitants se sentent en sécurité. On le trouvera peut-être là-bas.

Le détective remarque un mélange d'espoir et de détresse dans les yeux de son client. Il lui propose :

– Je pourrais me rendre à La Rochelle pour faire des recherches. On le connaît peut-être là-bas. Qu'est-ce que vous en pensez ?

Le commerçant regarde encore un bon moment par la fenêtre et donne finalement son consentement à ce voyage.

Deux jours plus tard, le détective arrive à la gare de La Rochelle. Il prend un taxi pour aller dans un hôtel près du port où il loue une chambre. Après un déjeuner copieux et un cigare sur la grande terrasse de l'hôtel, il commence ses recherches.

Le détective tente d'abord sa chance auprès d'un employé de l'hôtel, mais le nom de Correst ne lui dit rien. L'employé lui conseille alors d'essayer un peu plus loin, au nord du port. D'après lui, c'est un endroit où tout le monde se connait.

Gérard se plait à La Rochelle. Cette ville est si différente du Havre dont il aime pourtant le caractère sombre et froid. Mais La Rochelle lui plait à cause de ses petites maisons anciennes qui contrastent avec les grands immeubles du Havre, à cause de ses pavés qui laissent surgir des brins d'herbe dans un rayon de soleil. Le détective reste encore un moment à contempler la ville, puis il s'oblige à se concentrer sur l'essentiel, la raison pour laquelle il est là : arrêter le meurtrier.

Il arrive enfin dans la partie nord du port. Un petit café attire son attention. Il s'assoit sur la terrasse, allume un cigare et regarde autour de lui. Puis, il commande un café qu'il boit à petits coups.

Le détective observe les passants à travers ses grandes lunettes de soleil noires, mais il ne remarque personne qui ressemble à Maxime de Correst. Où es-tu, Philippe ? pense-t-il. Est-ce que la perte de ton amulette t'as rendu craintif au point que tu n'oses plus sortir ? Il s'adresse à la serveuse qui passe à proximité :

– Mademoiselle, avez-vous déjà entendu parler de Philippe de Correst ?

– Je ne crois pas, Monsieur. Pourquoi, vous êtes de la police ?

La voix de la serveuse est criarde et l'expression de bêtise sur son visage n'améliore rien. Gérard Gaultier préfère partir. Il n'apprendrait rien ici. Il se lève, quitte le café et se promet de ne plus jamais revenir dans ce bistrot. C'était sans doute le plus mauvais café qu'il a jamais bu. Il essaie encore quatre autres bistrots, mais personne ne connaît le frère jumeau du diamantaire.

Fatigué, Gérard retourne dans sa chambre d'hôtel où il fait encore quelques recherches sur son ordinateur. Soudain, il sursaute. Il vient de tomber sur une annonce qui lui a donné une idée. Il lit à haute voix, tout excité :

– Cherchons gardien de nuit. Personne sérieuse, discrète et sportive souhaitée. Lieu de travail : au port de La Rochelle. Pour plus d'informations...

Mais oui, c'est ça ! Philippe de Correst travaille sûrement au port... rien de mieux qu'être gardien pour commettre un crime !

Gérard regarde par la fenêtre. La nuit vient de tomber. C'est le moment où les gardiens de nuit commencent leur travail. Le détective prend son chapeau, passe un coup de téléphone et repart en direction du port.

Il arpente les quais, déambule entre les containers, puis s'approche machinalement d'une guérite. Frappé de stupeur, il s'arrête.

La faible lumière diffusée par quelques ampoules solitaires laisse les traits du visage du gardien dans l'obscurité. Mais le peu qu'il en voit suffit à le convaincre. La ressemblance avec Maxime de Correst est stupéfiante. Vite, très vite, il prépare quelques phrases et s'avance d'un pas décidé.

– Bonsoir, Monsieur. Je passe quelques jours de vacances à La Rochelle et je cherche le moyen de passer agréablement ma soirée, vous me comprenez ? Pourriez-vous me conseiller ?

Philippe de Correst lève les yeux et répond :

– Si vous continuez dans cette direction, vous trouverez quelques bistrots et bars typiques de La Rochelle. Si vous préférez bien manger, vous...

Le détective l'interrompt.

– Non, non. Je crois que je ne me suis pas bien fait comprendre. Je ne cherche pas *quelque chose* mais *quelqu'un* qui pourrait me rendre la soirée plus agréable...

Philippe essaie de cacher le dégoût qui l'envahit.

– Ah ! Alors vous cherchez une prostituée ? Continuez sur ce chemin, tout simplement. Il y en a quelques-unes. Pas très belles, mais bon marché.

Le gardien ne ressent que du mépris pour ce touriste. Certainement un vieil homme frustré qui abandonne sa femme et ses enfants pour l'une de ces filles.

De son côté, Gérard a remarqué les blessures au visage du gardien. Il sait très bien d'où elles proviennent.

Après avoir fait mine de continuer dans la direction indiquée par le gardien, Gérard se retourne brusquement vers lui. Brandissant l'amulette, il lui demande :

– Ceci vous appartient bien, Philippe de Correst ?

Quand il aperçoit le bijou dans la main du détective, de Correst le saisit et s'enfuit. Gérard, surpris par la réaction brusque et imprévisible du meurtrier, essaie de le poursuivre, mais en vain. Il

n'est plus aussi rapide qu'au temps de sa jeunesse. Et puis il y aussi sa consommation immodérée de cigares...

Mais l'homme recherché ne peut aller bien loin. Avant de partir en balade, le détective avait appelé Gustave, son ex-collègue. La police est sûrement déjà en route. Philippe de Correst sera bientôt arrêté et tout cela grâce à lui, à Gérard Gaultier.

*

Le soir même, on emmène le meurtrier à la maison d'arrêt du Havre. Dans une salle d'interrogatoire, les jumeaux se trouvent face à face, silencieux. Gérard observe la scène à distance, soucieux de ne pas intervenir trop vite.

– Pourquoi m'as-tu fait ça ? demande Maxime de Correst sans oser regarder son frère dans les yeux.

– Pourquoi ? Pourquoi ? Tu me demandes pourquoi ?

Les mains de Philippe tremblent, ses yeux fixent celles de son frère. Puis, il se met à parler :

– Notre père t'a emmené avec lui quand il a foutu le camp avec cette salope. Moi, il m'a laissé seul avec maman. On avait très peu d'argent et vous ne nous avez pas aidé. Pas de signe de vie, pas de visite ! Maman a commencé à vous haïr, Papa et toi. Sa haine était tellement forte, qu'elle l'a détruite. Maman s'est suicidée. Je me suis retrouvé complètement seul, abandonné par tout le monde ! Et tout cela à cause des femmes et à cause de toi !

Ses yeux se rétrécissent, il serre les poings. Maxime encaisse les paroles de son frère jumeau. Il est bouleversé.

Enfin, il répond :

– Avec Papa, ce n'était pas toujours facile non plus. Il n'était pas heureux sans sa famille, mais il était trop fier pour reconnaître son erreur. Et moi, je ne pouvais pas venir vous voir. Je voulais vraiment le faire, crois-moi, mais papa m'aurait déshérité.

– L'argent, l'argent, l'argent ! Tu es comme notre père. L'argent, la réputation et le succès, c'est tout ce qui compte pour vous ! C'est pour ça que j'ai tué toutes ces prostituées, pour que ton entreprise s'écroule et que tu te réveilles. Ce n'était qu'un jeu d'enfant de les abattre. Il n'y a que la dernière qui s'est défendue, et j'ai dû l'étrangler.

Maxime n'arrive pas à le croire. Il secoue la tête et ne veut pas réaliser quelle créature est assise en face de lui. Mais il ne peut se retenir :

– Tu es un monstre ! Un vrai monstre !

En entendant ces paroles, Philippe se paralyse. Monstre ! ... Monstre ! ... Souvent, sa mère appelait son père ainsi. Et encore maintenant, ces mots provoquent en lui une rage incontrôlable. Philippe se jette sur son frère, mais ce dernier le repousse et quitte la salle grise sans prononcer un seul mot.

*

Le corps inanimé semble flotter dans le vide grisâtre. Seuls ses yeux bleus et glacés reflètent un peu de lumière.

Gérard Gaultier s'arrête dans l'embrasure de la porte. À ses côtés, le gardien qui lui a ouvert la cellule s'est précipité pour chercher un médecin. Mais à quoi bon ?

Philippe de Correst est mort. Pendu avec un drap. Le détective ne veut pas être présent quand le médecin et deux autres gardiens décrocheront le cadavre. Il préfère quitter la maison d'arrêt.

Gérard part se promener sur le chemin le long du port. Il veut réfléchir à tête reposée et repenser à ce qu'il vient de vivre.

Il marche déjà depuis un bon moment quand le soleil se couche. Ses rayons rouges comme le sang colorent l'eau du port et de l'Océan. Aucune mouette ne chante. Aucun enfant n'éclate de rire en se promenant le long du quai.

Quand le soleil s'est enfoncé dans l'eau, Gérard décide qu'il est grand temps de rentrer. Il frissonne. Ce n'est pas seulement à cause du froid qui se glisse lentement sous son manteau mais aussi à cause des derniers événements.

Arrivé dans son bureau, le détective ferme la porte derrière lui. Il enlève son manteau, l'accroche dans la garde-robe, enlève ses chaussures fines. Gérard Gaultier s'enfonce dans le canapé en cuir marron, un cigare à la main. Il réalise alors qu'il vient de boucler son enquête.

*

Le Prix Polar de l'Institut franco-allemand d'Erlangen est une idée originale qui s'adresse aux élèves de collèges et de lycées de Franconie. L'objectif est de familiariser les élèves allemands avec le genre littéraire de la nouvelle policière. Le prix est décerné tous les deux ans.

Les partenaires du projet sont les régions de Moyenne et de Basse-Franconie, la Fédération des Professeurs de Français de Bavière, l'OFAJ et les éditions Cornelsen.

Les élèves participant au *Prix Polar* écrivent en français. Ils imaginent l'histoire pour une nouvelle policière et en écrivent un petit résumé. Un jury élit les deux meilleurs textes lors d'une finale qui regroupe les dix écoles finalistes. Ensuite, les gagnants rédigent leur nouvelle policière sous la direction d'un auteur de « polars » français qu'ils rencontrent dans leur école. C'est la maison d'édition Cornelsen qui sélectionne enfin la meilleure des deux nouvelles. Elle publie celle-ci avec une nouvelle de l'auteur qui a animé l'atelier d'écriture avec les élèves.

En 2010, la Hartmann Realschule de Forchheim a remporté la première édition du *Prix Polar*. La nouvelle *La cargaison morte* de Leonie Steinweh et d'Helena Endres, sous la direction de l'enseignante Marianne Hüsken, est la première publication de la collection *Série Polar/Nouvelle Bibliothèque Junior* de Cornelsen. Les lauréats ont travaillé avec l'écrivain Maxime Gillio.

Pour plus d'informations sur le *Prix Polar*, contactez l'Institut franco-allemand d'Erlangen :

dFi Erlangen
Südliche Stadtmauerstraße 28
91054 Erlangen
Tél. : 09131-979137-0
E-mail : team@dfi-erlangen.de

Maxime Gillio est né en 1975 à Dunkerque, dans le Nord de la France. Il est passionné par l'œuvre de Frédéric Dard / San-Antonio, dont il est devenu un spécialiste.

En 2007, il publie son premier roman, *Bienvenue à Dunkerque*. Ce polar lance les aventures des policiers Charles Dacié et Stéphane Marquet, qu'on retrouve dans ses deux titres suivants, *L'Abattoir dans la dune* et *Le Cimetière des morts qui chantent*. En 2009, Maxime Gillio crée une nouvelle série policière, *Qui a peur de Virginia Valmain ?*, sous le pseudonyme de Virginia Valmain.

Maxime Gillio participe à de nombreux salons littéraires et anime des ateliers d'écriture en France et en Allemagne. Il est professeur de français à Dunkerque et père de trois enfants.

SÉRIE POLAR Nouvelle Bibliothèque Junior

Vokabelannotationen Dorothee Flach

Verlagsredaktion Julia Goltz (Projektleitung), Dorothee Flach

Illustrationen Hélène Badault

Gesamtgestaltung und technische Umsetzung Buchgestaltung +, Berlin

Bildquellen Umschlagfoto: Corbis: © Eberhard Streichan; Foto Maxime Gillio: Peggy Halas

www.cornelsen.de

1. Auflage, 1. Druck 2011

Alle Drucke dieser Auflage sind inhaltlich unverändert und können im Unterricht nebeneinander verwendet werden.

© 2011 Cornelsen Verlag, Berlin

Das Werk und seine Teile sind urheberrechtlich geschützt. Jede Nutzung in anderen als den gesetzlich zugelassenen Fällen bedarf der vorherigen schriftlichen Einwilligung des Verlages. Hinweis zu den §§ 46, 52 a UrhG: Weder das Werk noch seine Teile dürfen ohne eine solche Einwilligung eingescannt und in ein Netzwerk eingestellt oder sonst öffentlich zugänglich gemacht werden. Dies gilt auch für Intranets von Schulen und sonstigen Bildungseinrichtungen.

Druck: H. Heenemann, Berlin

ISBN 978-3-06-021304-7

Inhalt gedruckt auf säurefreiem Papier aus nachhaltiger Forstwirtschaft.